REGISTRE UNIQUE DU PERSONNEL

Nom de la société :

....

Adresse :

....

....

....

Numéro de SIREN :

....

Section 2 : Déclaration de détachement

Article R1263-3
Modifié par Décret n°2019-555 du 4 juin 2019 - art. 1

L'employeur qui détache un ou plusieurs salariés, dans les conditions prévues au 1° de l'article L. 1262-1, adresse, une déclaration comportant les éléments suivants :

1° Le nom ou la raison sociale ainsi que les adresses postale et électronique, les coordonnées téléphoniques de l'entreprise ou de l'établissement qui emploie habituellement le ou les salariés, la forme juridique de l'entreprise, son numéro individuel d'identification fiscale au titre de l'assujettissement à la taxe sur la valeur ajoutée ou, à défaut de détenir un tel numéro, les références de son immatriculation à un registre professionnel ou toutes autres références équivalentes, les nom, prénoms, date et lieu de naissance du ou des dirigeants ;

2° L'adresse du ou des lieux successifs où doit s'accomplir la prestation, la date du début de la prestation et sa date de fin prévisible, l'activité principale exercée dans le cadre de la prestation, la nature du matériel ou des procédés de travail dangereux utilisés, le nom et l'adresse du donneur d'ordre ainsi que, le cas échéant, son numéro individuel d'identification fiscale au titre de l'assujettissement à la taxe sur la valeur ajoutée ;

3° Les nom, prénoms, sexe, date et lieu de naissance, adresse de résidence habituelle et nationalité de chacun des salariés détachés, la date de signature de son contrat de travail, sa qualification professionnelle, l'emploi qu'il occupe durant le détachement ainsi que le taux horaire de rémunération appliqué pendant la durée du détachement en France, converti le cas échéant en euros, la date du début du détachement et sa date de fin prévisible ;

4° Les heures auxquelles commence et finit le travail ainsi que les heures et la durée des repos des salariés détachés conformément aux dispositions des articles L. 3171-1, premier et deuxième alinéas, et L. 3171-2 ;

5° Le cas échéant, l'adresse du ou des lieux d'hébergement collectif successifs des salariés ;

6° Les modalités de prise en charge par l'employeur des frais de voyage, de nourriture et, le cas échéant, d'hébergement ;

7° L'Etat auquel est attachée la législation de sécurité sociale dont relève chacun des salariés détachés au titre de l'activité qu'il réalise en France et, s'il s'agit d'un Etat autre que la France, la mention de la demande d'un formulaire concernant la législation de sécurité sociale applicable à l'institution compétente ;

8° La désignation de son représentant pendant la durée de la prestation en France, les coordonnées électroniques et téléphoniques de ce représentant, le lieu de conservation des documents mentionnés à l'article R. 1263-1 sur le territoire national ou les modalités permettant d'y avoir accès et de les consulter depuis le territoire national, sauf s'il s'agit du dirigeant présent pendant la prestation ou d'un des salariés détachés, le nom ou la raison sociale, ainsi que le numéro SIRET, du mandataire désigné pour exercer cette mission.

NOTA : Conformément à l'article 6 du décret n° 2019-555 du 4 juin 2019, ces dispositions entrent en vigueur à compter du 1er juillet 2019.

Article R1263-4

Modifié par Décret n°2019-555 du 4 juin 2019 - art. 1

Les employeurs qui détachent un ou plusieurs salariés, dans les conditions prévues au 2° de l'article L 1262-1, adressent une déclaration comportant les éléments suivants :

1° Le nom ou la raison sociale ainsi que les adresses postale et électronique, les coordonnées téléphoniques de l'entreprise ou de l'établissement qui emploie habituellement le ou les salariés, la forme juridique de l'entreprise, son numéro individuel d'identification fiscale au titre de l'assujettissement à la taxe sur la valeur ajoutée ou, à défaut de détenir un tel numéro, les références de son immatriculation à un registre professionnel ou toutes autres références équivalentes, les nom, prénoms, date et lieu de naissance du ou des dirigeants ;

2° L'adresse du ou des lieux successifs où doit s'accomplir la prestation, la date du début de la prestation et sa date de fin prévisible, la nature des services accomplis pendant le détachement et la nature du matériel ou des procédés de travail dangereux utilisés ainsi que, le cas échéant, le numéro individuel d'identification fiscale au titre de l'assujettissement à la taxe sur la valeur ajoutée de l'entreprise ou de l'établissement d'accueil ;

3° Les nom, prénom, sexe, date et lieu de naissance, adresse de résidence habituelle et nationalité du salarié détaché, la date de signature de son contrat de travail, sa qualification professionnelle, l'emploi qu'il occupe durant le détachement ainsi que le taux horaire de rémunération appliqué pendant la durée du détachement en France, converti le cas échéant en euros, la date du début du détachement et sa date de fin prévisible ;

4° Les heures auxquelles commence et finit le travail ainsi que les heures et la durée des repos des salariés détachés conformément aux dispositions des premier et deuxième alinéas de l'article L 3171-1 et de l'article L 3171-2 ;5° Le cas échéant, l'adresse du ou des lieux d'hébergement collectif successifs des salariés ;

6° Les modalités de prise en charge par l'employeur des frais de voyage, de nourriture et, le cas échéant, d'hébergement ;

7° L'Etat auquel est attachée la législation de sécurité sociale dont relève chacun des salariés détachés au titre de l'activité qu'il réalise en France et, s'il s'agit d'un Etat autre que la France, la mention de la demande d'un formulaire concernant la législation de sécurité sociale applicable à l'institution compétente ;

8° La désignation de leur représentant pendant la durée de la prestation en France, les coordonnées électroniques et téléphoniques de ce représentant, le lieu de conservation des documents mentionnés à l'article R. 1263-1 sur le territoire national ou les modalités permettant d'y avoir accès et de les consulter depuis le territoire national, sauf s'il s'agit du dirigeant présent pendant la prestation ou d'un des salariés détachés, le nom ou la raison sociale, ainsi que le numéro SIRET du mandataire désigné pour exercer cette mission.

NOTA : Conformément à l'article 6 du décret n° 2019-555 du 4 juin 2019, ces dispositions entrent en vigueur à compter du 1er juillet 2019.

Article R1263-4-1

Modifié par Décret n°2016-1044 du 29 juillet 2016 - art. 7

La déclaration de détachement prévue aux articles R. 1263-3 et R. 1263-4 est adressée, en utilisant le télé-service " SIPSI ", à l'unité départementale mentionnée à l'article R. 8122-2 dans le ressort de laquelle s'effectue la prestation. Lorsque la prestation est exécutée dans d'autres lieux, la déclaration de détachement est adressée, en utilisant le télé-service " SIPSI ", à l'unité départementale dans le ressort de laquelle se situe le premier lieu d'exécution de la prestation.

Article R1263-5

Modifié par Décret n°2016-1044 du 29 juillet 2016 - art. 7

La déclaration de détachement prévue aux articles R. 1263-3 et R. 1263-4, dont le modèle est fixé par arrêté du ministre chargé du travail, est accomplie en langue française avant le début du détachement, en utilisant le télé-service " SIPSI " du ministère chargé du travail (sipsi.travail.gouv.fr).
Elle se substitue à l'ensemble des obligations de déclaration prévues par le présent code, hormis celles prévues au présent chapitre.

NOM PRENOMS	Nationalité	Date de naissance	Sexe	Emploi et qualification	Dates	
					Entrée	Sortie

Pour les travailleurs étrangers assujettis à la possession d'un titre autorisant l'exercice d'une activité salariée		Pour les jeunes travailleurs			Pour les travailleurs à contrat spécifique (indiquer la mention spécifique)		
Type du document	N° d'ordre du document	Apprenti	Contrat de qualification	Contrat d'adaptation	Contrat à Durée Déterminée	Temps partiel	Temporaire : Noms et adresse des entrepreneurs de travail temporaire

NOM PRENOMS	Nationalité	Date de naissance	Sexe	Emploi et qualification	Dates	
					Entrée	Sortie

Pour les travailleurs étrangers assujettis à la possession d'un titre autorisant l'exercice d'une activité salariée		Pour les jeunes travailleurs			Pour les travailleurs à contrat spécifique (indiquer la mention spécifique)		
Type du document	N° d'ordre du document	Apprenti	Contrat de qualification	Contrat d'adaptation	Contrat à Durée Déterminée	Temps partiel	Temporaire : Noms et adresse des entrepreneurs de travail temporaire

NOM PRENOMS	Nationalité	Date de naissance	Sexe	Emploi et qualification	Dates	
					Entrée	Sortie

Pour les travailleurs étrangers assujettis à la possession d'un titre autorisant l'exercice d'une activité salariée		Pour les jeunes travailleurs			Pour les travailleurs à contrat spécifique (indiquer la mention spécifique)		
Type du document	N° d'ordre du document	Apprenti	Contrat de qualification	Contrat d'adaptation	Contrat à Durée Déterminée	Temps partiel	Temporaire : Noms et adresse des entrepreneurs de travail temporaire

NOM PRENOMS	Nationalité	Date de naissance	Sexe	Emploi et qualification	Dates	
					Entrée	Sortie

Pour les travailleurs étrangers assujettis à la possession d'un titre autorisant l'exercice d'une activité salariée		Pour les jeunes travailleurs			Pour les travailleurs à contrat spécifique (indiquer la mention spécifique)		
Type du document	N° d'ordre du document	Apprenti	Contrat de qualification	Contrat d'adaptation	Contrat à Durée Déterminée	Temps partiel	Temporaire : Noms et adresse des entrepreneurs de travail temporaire

NOM PRENOMS	Nationalité	Date de naissance	Sexe	Emploi et qualification	Dates	
					Entrée	Sortie

Pour les travailleurs étrangers assujettis à la possession d'un titre autorisant l'exercice d'une activité salariée		Pour les jeunes travailleurs			Pour les travailleurs à contrat spécifique (indiquer la mention spécifique)		
Type du document	N° d'ordre du document	Apprenti	Contrat de qualification	Contrat d'adaptation	Contrat à Durée Déterminée	Temps partiel	Temporaire : Noms et adresse des entrepreneurs de travail temporaire

NOM PRENOMS	Nationalité	Date de naissance	Sexe	Emploi et qualification	Dates	
					Entrée	Sortie

Pour les travailleurs étrangers assujettis à la possession d'un titre autorisant l'exercice d'une activité salariée		Pour les jeunes travailleurs			Pour les travailleurs à contrat spécifique (indiquer la mention spécifique)		
Type du document	N° d'ordre du document	Apprenti	Contrat de qualification	Contrat d'adaptation	Contrat à Durée Déterminée	Temps partiel	Temporaire : Noms et adresse des entrepreneurs de travail temporaire

NOM PRENOMS	Nationalité	Date de naissance	Sexe	Emploi et qualification	Dates	
					Entrée	Sortie

Pour les travailleurs étrangers assujettis à la possession d'un titre autorisant l'exercice d'une activité salariée		Pour les jeunes travailleurs			Pour les travailleurs à contrat spécifique (indiquer la mention spécifique)		
Type du document	N° d'ordre du document	Apprenti	Contrat de qualification	Contrat d'adaptation	Contrat à Durée Déterminée	Temps partiel	Temporaire : Noms et adresse des entrepreneurs de travail temporaire

NOM PRENOMS	Nationalité	Date de naissance	Sexe	Emploi et qualification	Dates	
					Entrée	Sortie

Pour les travailleurs étrangers assujettis à la possession d'un titre autorisant l'exercice d'une activité salariée		Pour les jeunes travailleurs			Pour les travailleurs à contrat spécifique (indiquer la mention spécifique)		
Type du document	N° d'ordre du document	Apprenti	Contrat de qualification	Contrat d'adaptation	Contrat à Durée Déterminée	Temps partiel	Temporaire : Noms et adresse des entrepreneurs de travail temporaire

NOM PRENOMS	Nationalité	Date de naissance	Sexe	Emploi et qualification	Dates	
					Entrée	Sortie

Pour les travailleurs étrangers assujettis à la possession d'un titre autorisant l'exercice d'une activité salariée		Pour les jeunes travailleurs			Pour les travailleurs à contrat spécifique (indiquer la mention spécifique)		
Type du document	N° d'ordre du document	Apprenti	Contrat de qualification	Contrat d'adaptation	Contrat à Durée Déterminée	Temps partiel	Temporaire : Noms et adresse des entrepreneurs de travail temporaire

NOM PRENOMS	Nationalité	Date de naissance	Sexe	Emploi et qualification	Dates	
					Entrée	Sortie

Pour les travailleurs étrangers assujettis à la possession d'un titre autorisant l'exercice d'une activité salariée		Pour les jeunes travailleurs			Pour les travailleurs à contrat spécifique (indiquer la mention spécifique)		
Type du document	N° d'ordre du document	Apprenti	Contrat de qualification	Contrat d'adaptation	Contrat à Durée Déterminée	Temps partiel	Temporaire : Noms et adresse des entrepreneurs de travail temporaire

NOM PRENOMS	Nationalité	Date de naissance	Sexe	Emploi et qualification	Dates	
					Entrée	Sortie

Pour les travailleurs étrangers assujettis à la possession d'un titre autorisant l'exercice d'une activité salariée		Pour les jeunes travailleurs			Pour les travailleurs à contrat spécifique (indiquer la mention spécifique)		
Type du document	N° d'ordre du document	Apprenti	Contrat de qualification	Contrat d'adaptation	Contrat à Durée Déterminée	Temps partiel	Temporaire : Noms et adresse des entrepreneurs de travail temporaire

NOM PRENOMS	Nationalité	Date de naissance	Sexe	Emploi et qualification	Dates	
					Entrée	Sortie

Pour les travailleurs étrangers assujettis à la possession d'un titre autorisant l'exercice d'une activité salariée		Pour les jeunes travailleurs			Pour les travailleurs à contrat spécifique (indiquer la mention spécifique)		
Type du document	N° d'ordre du document	Apprenti	Contrat de qualification	Contrat d'adaptation	Contrat à Durée Déterminée	Temps partiel	Temporaire : Noms et adresse des entrepreneurs de travail temporaire

Pour les travailleurs étrangers assujettis à la possession d'un titre autorisant l'exercice d'une activité salariée		Pour les jeunes travailleurs			Pour les travailleurs à contrat spécifique (indiquer la mention spécifique)		
Type du document	N° d'ordre du document	Apprenti	Contrat de qualification	Contrat d'adaptation	Contrat à Durée Déterminée	Temps partiel	Temporaire : Noms et adresse des entrepreneurs de travail temporaire

NOM PRENOMS	Nationalité	Date de naissance	Sexe	Emploi et qualification	Dates	
					Entrée	Sortie

| NOM PRENOMS | Nationalité | Date de naissance | Sexe | Emploi et qualification | | |

NOM PRENOMS	Nationalité	Date de naissance	Sexe	Emploi et qualification	Dates	
					Entrée	Sortie

| NOM PRENOMS | Nationalité | Date de naissance | Sexe | Emploi et qualification | | |

Pour les travailleurs étrangers assujettis à la possession d'un titre autorisant l'exercice d'une activité salariée		Pour les jeunes travailleurs			Pour les travailleurs à contrat spécifique (indiquer la mention spécifique)		
Type du document	N° d'ordre du document	Apprenti	Contrat de qualification	Contrat d'adaptation	Contrat à Durée Déterminée	Temps partiel	Temporaire : Noms et adresse des entrepreneurs de travail temporaire

Pour les travailleurs étrangers assujettis à la possession d'un titre autorisant l'exercice d'une activité salariée		Pour les jeunes travailleurs			Pour les travailleurs à contrat spécifique (indiquer la mention spécifique)		
Type du document	N° d'ordre du document	Apprenti	Contrat de qualification	Contrat d'adaptation	Contrat à Durée Déterminée	Temps partiel	Temporaire : Noms et adresse des entrepreneurs de travail temporaire

NOM PRENOMS	Nationalité	Date de naissance	Sexe	Emploi et qualification	Dates	
					Entrée	Sortie

NOM PRENOMS	Nationalité	Date de naissance	Sexe	Emploi et qualification	Dates	
					Entrée	Sortie
NOM PRENOMS	Nationalité	Date de naissance	Sexe	Emploi et qualification	Entrée	Sortie

Pour les travailleurs étrangers assujettis à la possession d'un titre autorisant l'exercice d'une activité salariée		Pour les jeunes travailleurs			Pour les travailleurs à contrat spécifique (indiquer la mention spécifique)		
Type du document	N° d'ordre du document	Apprenti	Contrat de qualification	Contrat d'adaptation	Contrat à Durée Déterminée	Temps partiel	Temporaire : Noms et adresse des entrepreneurs de travail temporaire

Pour les travailleurs étrangers assujettis à la possession d'un titre autorisant l'exercice d'une activité salariée		Pour les jeunes travailleurs			Pour les travailleurs à contrat spécifique (indiquer la mention spécifique)		
Type du document	N° d'ordre du document	Apprenti	Contrat de qualification	Contrat d'adaptation	Contrat à Durée Déterminée	Temps partiel	Temporaire : Noms et adresse des entrepreneurs de travail temporaire

NOM PRENOMS	Nationalité	Date de naissance	Sexe	Emploi et qualification	Dates	
					Entrée	Sortie

| NOM PRENOMS | Nationalité | Date de naissance | Sexe | Emploi et qualification | | |

NOM PRENOMS	Nationalité	Date de naissance	Sexe	Emploi et qualification	Dates	
					Entrée	Sortie

Pour les travailleurs étrangers assujettis à la possession d'un titre autorisant l'exercice d'une activité salariée		Pour les jeunes travailleurs			Pour les travailleurs à contrat spécifique (indiquer la mention spécifique)		
Type du document	N° d'ordre du document	Apprenti	Contrat de qualification	Contrat d'adaptation	Contrat à Durée Déterminée	Temps partiel	Temporaire : Noms et adresse des entrepreneurs de travail temporaire

REGISTRE UNIQUE DES STAGIAIRES

NOM PRENOMS DU STAGIAIRE	Dates du stage		NOM PRENOMS DU TUTEUR	Lieu de présence du stagiare
	Date de début	Date de fin		
NOM PRENOMS DU STAGIAIRE	Date de début	Date de fin	NOM PRENOMS DU TUTEUR	Lieu de présence du stagiare

NOM PRENOMS DU STAGIAIRE	Dates du stage		NOM PRENOMS DU TUTEUR	Lieu de présence du stagiare
	Date de début	Date de fin		
NOM PRENOMS DU STAGIAIRE	Date de début	Date de fin	NOM PRENOMS DU TUTEUR	Lieu de présence du stagiare

NOM PRENOMS DU STAGIAIRE	Dates du stage		NOM PRENOMS DU TUTEUR	Lieu de présence du stagiare
	Date de début	Date de fin		
NOM PRENOMS DU STAGIAIRE	Date de début	Date de fin	NOM PRENOMS DU TUTEUR	Lieu de présence du stagiare

NOM PRENOMS DU STAGIAIRE	Dates du stage		NOM PRENOMS DU TUTEUR	Lieu de présence du stagiare
	Date de début	Date de fin		
NOM PRENOMS DU STAGIAIRE			NOM PRENOMS DU TUTEUR	Lieu de présence du stagiare

NOM PRENOMS DU STAGIAIRE	Dates du stage		NOM PRENOMS DU TUTEUR	Lieu de présence du stagiare
	Date de début	Date de fin		
NOM PRENOMS DU STAGIAIRE	Date de début	Date de fin	NOM PRENOMS DU TUTEUR	Lieu de présence du stagiare

NOM PRENOMS DU STAGIAIRE	Dates du stage		NOM PRENOMS DU TUTEUR	Lieu de présence du stagiare
	Date de début	Date de fin		
NOM PRENOMS DU STAGIAIRE	Date de début	Date de fin	NOM PRENOMS DU TUTEUR	Lieu de présence du stagiare

NOM PRENOMS DU STAGIAIRE	Dates du stage		NOM PRENOMS DU TUTEUR	Lieu de présence du stagiare
	Date de début	Date de fin		
NOM PRENOMS DU STAGIAIRE	Date de début	Date de fin	NOM PRENOMS DU TUTEUR	Lieu de présence du stagiare

NOM PRENOMS DU STAGIAIRE	Dates du stage		NOM PRENOMS DU TUTEUR	Lieu de présence du stagiare
	Date de début	Date de fin		
NOM PRENOMS DU STAGIAIRE	Date de début	Date de fin	NOM PRENOMS DU TUTEUR	Lieu de présence du stagiare

NOM PRENOMS DU STAGIAIRE	Dates du stage		NOM PRENOMS DU TUTEUR	Lieu de présence du stagiare
	Date de début	Date de fin		
NOM PRENOMS DU STAGIAIRE	Date de début	Date de fin	NOM PRENOMS DU TUTEUR	Lieu de présence du stagiare

NOM PRENOMS DU STAGIAIRE	Dates du stage		NOM PRENOMS DU TUTEUR	Lieu de présence du stagiare
	Date de début	Date de fin		
NOM PRENOMS DU STAGIAIRE			NOM PRENOMS DU TUTEUR	Lieu de présence du stagiare

NOM PRENOMS DU STAGIAIRE	Dates du stage		NOM PRENOMS DU TUTEUR	Lieu de présence du stagiare
	Date de début	Date de fin		
NOM PRENOMS DU STAGIAIRE	Date de début	Date de fin	NOM PRENOMS DU TUTEUR	Lieu de présence du stagiare

NOM PRENOMS DU STAGIAIRE	Dates du stage		NOM PRENOMS DU TUTEUR	Lieu de présence du stagiare
	Date de début	Date de fin		
NOM PRENOMS DU STAGIAIRE	Date de début	Date de fin	NOM PRENOMS DU TUTEUR	Lieu de présence du stagiare

NOM PRENOMS DU STAGIAIRE	Dates du stage		NOM PRENOMS DU TUTEUR	Lieu de présence du stagiare
	Date de début	Date de fin		

NOM PRENOMS DU STAGIAIRE	Dates du stage		NOM PRENOMS DU TUTEUR	Lieu de présence du stagiare
	Date de début	Date de fin		

NOM PRENOMS DU STAGIAIRE	Dates du stage		NOM PRENOMS DU TUTEUR	Lieu de présence du stagiare
	Date de début	Date de fin		
NOM PRENOMS DU STAGIAIRE	Date de début	Date de fin	NOM PRENOMS DU TUTEUR	Lieu de présence du stagiare

NOM PRENOMS DU STAGIAIRE	Dates du stage		NOM PRENOMS DU TUTEUR	Lieu de présence du stagiare
	Date de début	Date de fin		
NOM PRENOMS DU STAGIAIRE	Dates du stage		NOM PRENOMS DU TUTEUR	Lieu de présence du stagiare

NOM PRENOMS DU STAGIAIRE	Dates du stage		NOM PRENOMS DU TUTEUR	Lieu de présence du stagiare
	Date de début	Date de fin		
NOM PRENOMS DU STAGIAIRE	Date de début	Date de fin	NOM PRENOMS DU TUTEUR	Lieu de présence du stagiare

NOM PRENOMS DU STAGIAIRE	Dates du stage		NOM PRENOMS DU TUTEUR	Lieu de présence du stagiare
	Date de début	Date de fin		
NOM PRENOMS DU STAGIAIRE			NOM PRENOMS DU TUTEUR	Lieu de présence du stagiare

NOM PRENOMS DU STAGIAIRE	Dates du stage		NOM PRENOMS DU TUTEUR	Lieu de présence du stagiare
	Date de début	Date de fin		
NOM PRENOMS DU STAGIAIRE	Date de début	Date de fin	NOM PRENOMS DU TUTEUR	Lieu de présence du stagiare

NOM PRENOMS DU STAGIAIRE	Dates du stage		NOM PRENOMS DU TUTEUR	Lieu de présence du stagiare
	Date de début	Date de fin		
NOM PRENOMS DU STAGIAIRE			NOM PRENOMS DU TUTEUR	Lieu de présence du stagiare

NOM PRENOMS DU STAGIAIRE	Dates du stage		NOM PRENOMS DU TUTEUR	Lieu de présence du stagiare
	Date de début	Date de fin		
NOM PRENOMS DU STAGIAIRE	Date de début	Date de fin	NOM PRENOMS DU TUTEUR	Lieu de présence du stagiare

NOM PRENOMS DU STAGIAIRE	Dates du stage		NOM PRENOMS DU TUTEUR	Lieu de présence du stagiare
	Date de début	Date de fin		
NOM PRENOMS DU STAGIAIRE	Date de début	Date de fin	NOM PRENOMS DU TUTEUR	Lieu de présence du stagiare
	Dates du stage			

NOM PRENOMS DU STAGIAIRE	Dates du stage		NOM PRENOMS DU TUTEUR	Lieu de présence du stagiare
	Date de début	Date de fin		
NOM PRENOMS DU STAGIAIRE	Date de début	Date de fin	NOM PRENOMS DU TUTEUR	Lieu de présence du stagiare

NOM PRENOMS DU STAGIAIRE	Dates du stage		NOM PRENOMS DU TUTEUR	Lieu de présence du stagiare
	Date de début	Date de fin		
NOM PRENOMS DU STAGIAIRE	Date de début	Date de fin	NOM PRENOMS DU TUTEUR	Lieu de présence du stagiare

NOM PRENOMS DU STAGIAIRE	Dates du stage		NOM PRENOMS DU TUTEUR	Lieu de présence du stagiare
	Date de début	Date de fin		
NOM PRENOMS DU STAGIAIRE	Date de début	Date de fin	NOM PRENOMS DU TUTEUR	Lieu de présence du stagiare

NOM PRENOMS DU STAGIAIRE	Dates du stage		NOM PRENOMS DU TUTEUR	Lieu de présence du stagiare
	Date de début	Date de fin		
NOM PRENOMS DU STAGIAIRE			NOM PRENOMS DU TUTEUR	Lieu de présence du stagiare

NOM PRENOMS DU STAGIAIRE	Dates du stage		NOM PRENOMS DU TUTEUR	Lieu de présence du stagiare
	Date de début	Date de fin		
NOM PRENOMS DU STAGIAIRE	Date de début	Date de fin	NOM PRENOMS DU TUTEUR	Lieu de présence du stagiare

NOM PRENOMS DU STAGIAIRE	Dates du stage		NOM PRENOMS DU TUTEUR	Lieu de présence du stagiare
	Date de début	Date de fin		
NOM PRENOMS DU STAGIAIRE	Date de début	Date de fin	NOM PRENOMS DU TUTEUR	Lieu de présence du stagiare

www.ingramcontent.com/pod-product-compliance
Lightning Source LLC
Chambersburg PA
CBHW080619220526
45466CB00010B/3388